シリーズ・
道徳と「いじめ」❷

調べよう・ふり返ろう！

これもいじめ・あれもいじめ

監修・著／貝塚茂樹　著／稲葉茂勝

ミネルヴァ書房

はじめに

これまで学校の道徳の時間では、「善悪の判断・自律・自由と責任、正直・誠実、個性の伸長、希望と勇気・努力と強い意志、親切・思いやり、友情・信頼、公平・公正・社会正義、よりよい学校生活・集団生活の充実、生命の尊さ」（文部科学省）などについて学んでいました。そうした学習の大きな目的のひとつは、「いじめ」をなくすためでした。

いじめは、わたしたちの生活のなかで、とても大きく深刻な問題です。しかし、人によっては、いじめがあることに気がついていなかったり、知らないうちに他者をいじめてしまっていたりすることもあります。学校の先生も、いじめで苦しんでいる人に手を差しのべることができないこともあります。そもそも「いじめ」って、どういうことでしょう。

子どもの自殺がおきてしまった学校で、その子がいじめられていたのではないかと問われた先生たちが、「いじめがあったとは思えない」といっているのを、みんなもニュースなどで見たことがあるのではないでしょうか？

いまのいじめの実態は、昔より深刻になってきたと、よくいわれます。その理由として、いじめがかくれておこなわれていたり、インターネット上でおきていたりするため、だれがいじめに関わっているのかわからないことがあげられます。

こうしたなか、「いじめをなくす授業」として、道徳的な読み物を読んで、その登場人物の心情を理解していくことで、「いじめは、ぜったいにすべきでない」という気持ちをつくっていくという学習が、道徳の時間におこなわれています。しかし、そうしたやり方ではなかなかいじめがなくならないのがいまの実情です。

「道徳」を辞書で引くと、「ある社会で、人々がそれによって善悪・正邪を判断し、正しく行為するための規範の総体。法律と違い外的強制力としてではなく個々人の内面的原理として働くものをいい、また宗教と異なって超越者との関係ではなく、人間相互の関係を規定するもの」（『大辞林 第三版』）とあります。なんだかむずかしい！というより、そういった読み物を読む気になれないという人も多いのではないでしょうか。

さて、この「シリーズ・道徳と『いじめ』」をつくるにあたり、わたしたちは、いじめについて、みんなが考え、議論していくことを提案できないだろうかと、道徳やいじめについて研究されてきた貝塚茂樹先生のもとで、話しあいを重ねてきました。

いじめについて、みんなが「主体的・対話的に、より深く」考えていくための資料になり得る本をつくれないかと考えてきました。「主体的・対話的、深い学び」を学校の道徳にあてはめると「考え・議論する道徳」となります。

話しあいの結果、わたしたちは、いじめについて総合的に考えていくためのシリーズを次の3巻構成でつくることにしました。3巻目には、いじめ対策に取りくんでいる学校の「考え・議論する道徳」のようすも紹介することにしました。

❶ 考えよう・話しあおう！
いじめはなぜおこるのか？
❷ 調べよう・ふり返ろう！
これもいじめ・あれもいじめ
❸ しっかり取りくもう！
「モラル・コンパス」をもつ

子どもジャーナリスト
Journalist for children　稲葉茂勝

もくじ

はじめに ……………………………………………… 2

パート1　「いじめ」ってなんだろう？

❶ いじめの定義ってなに？ ……………………… 4

❷ いじめの種類と特徴 …………………………… 6

❸ 昔のいじめ・いまのいじめ ………………… 8

❹ ネットいじめ …………………………………… 10

　　LINEがからんだ2件の自殺 ……………… 11

　　大人にもある「いじめ」……………………… 12

❺ 増え続けるいじめ ……………………………… 14

❻ 現代のいじめの構造を考えてみよう！ … 16

❼ 日本のいじめ・世界のいじめ ……………… 18

パート2　「いじめ」をなくすために

❽ 「いじめ防止対策推進法」を知ろう！ …… 20

❾ 「つながりあう」とは？ ……………………… 22

❿ マイノリティーとマジョリティー ………… 25

⓫ マイノリティーといじめ …………………… 26

監修者・貝塚茂樹先生のアドバイス ………… 28

資料集　いじめの「重大事態」……… 30

さくいん ……… 31

パート1 「いじめ」ってなんだろう？

1 いじめの定義ってなに？

「いじめは昔からあったよね」「いじめられる方にも問題があるんじゃないの？」といった声をよく聞きます。はたしてそうでしょうか？そもそも「いじめ」って、なんなのでしょう。

社会問題となったいじめ

2011（平成23）年、滋賀県の大津市で中学2年生の男子がいじめを苦に自殺する事件がおこりました。しかし、いじめを原因として死にいたる悲しい事件はこれまでにも多くありました。

たとえば、1986（昭和61）年の東京都中野区では、中学2年生の男子生徒が自殺するという事件が発生。彼は、「俺だってまだ死にたくない。だけどこのままじゃ『生きジゴク』になっちゃうよ」と、遺書をのこして自殺しました。

この事件で、世間が衝撃を受けたのは、「葬式ごっこ」でした。

この事件をきっかけとして、いじめは大きな社会問題として注目されるようになります。

それは、いじめが原因で子どもたちが自らの命を絶つ場合もあるという過酷な実態を意味していました。

考えてみよう 話しあって！

東京都中野区の中学校に通っていた男子生徒は、2年生になったころから、いくつかのグループからつかい走りをやらされるようになった。しだいにはげしくなり、とうとう、その男子生徒の机の上に花とよせがきが置かれるという「葬式ごっこ」がおこなわれた。その「葬式ごっこ」には担任の先生ら数人の教師までも参加していた。担任らは、ただの「どっきり」だと釈明した。しかし、それがきっかけとなり男子生徒は学校を休みがちになり、のちに自殺。こんなことが「どっきり」だといえるのか、みんなで考えて話しあってみよう。

4

パート1「いじめ」ってなんだろう？

文部科学省の「いじめ」の定義

「いじめ」を正確に定義することは、簡単なことではありません。

文部省（現在の文部科学省）は、1986（昭和61）年度からと1994（平成6）年度からのいじめの定義を提示し、具体的な対策をはかりました。

ところが、その後も悲しい事件を防ぐことはできず、2006（平成18）年度から、いじめの定義を変更することになりました。

その内容は、以下の2点にまとめることができます。

● 児童生徒が一定の人間関係のある者から、心理的、物理的な攻撃を受けたことで、精神的な苦痛を感じているもの。

● ひとつひとつの行為が「いじめ」に当たるかどうかの判断は、表面的・形式的におこなうのでなく、いじめられた児童生徒の立場に立っておこなうものとする。

ここで重要なことは、「いじめ」は、いじめをした側ではなく、いじめを受けた子どもがどのように感じるかを基準として判断されるようにしたことです。

「いじめ防止対策推進法」の定義

いじめは、2006（平成18）年度からの文部科学省による定義ののち、2013（平成25）年9月には、「いじめ防止対策推進法」が施行され、その第二条では、いじめは、あらためて、次のように定められました。

> 「いじめ」とは、児童等に対して（中略）一定の人的関係にある他の児童等が行う心理的又は物理的な影響を与える行為（インターネットを通じて行われるものを含む。）であって（中略）児童等が心身の苦痛を感じているものをいう。

この法律では、2006年度からの文部省の定義のうち「攻撃」としていた部分が「影響」を与える行為かどうかに変更されたのです。

くり返しますが、この法律では、いじめを受けた子どもが、どのように感じるかがいじめとみなすかどうかのポイントです。

そのため、「いじめられる方にも問題がある」「悪ふざけにすぎないから、いじめではない」などといったいじめる側の主張は、もはや通用しなくなりました。

5

② いじめの種類と特徴

5ページで「いじめ」の定義を紹介しましたが、具体的にどのようなことが、「いじめ」に当たるのでしょうか。また、その背景には、どのようなことがあるのでしょうか。

具体的になにがいじめか？

文部科学省では、具体的になにがいじめかについては、次のように説明しています。

1. 冷やかしやからかい、悪口や脅し文句、嫌なことを言われる。
2. 仲間はずれ、集団による無視をされる。
3. 軽くぶつかられたり、遊ぶふりをして叩かれたり、蹴られたりする。
4. ひどくぶつかられたり、叩かれたり、蹴られたりする。
5. 金品をたかられる。
6. 金品を隠されたり、盗まれたり、壊されたり、捨てられたりする。
7. 嫌なことや恥ずかしいこと、危険なことをされたり、させられたりする。
8. パソコンや携帯電話等で誹謗中傷*や嫌なことをされる。

*他人をけなすことや根拠もなく悪口をいうこと。

これらの特徴を整理すると、1と2が「心理的ないじめ」、3と4が「身体的ないじめ」、7が「身体的要素をふくむ心理的ないじめ」、8がメディアをつかっておこなわれるSNS（ソーシャル・ネットワーキング・サービス）やインターネット上での「新しいタイプの心理的ないじめ」と、分けて考えることができます。

いじめのなかには、内容と程度によって、暴行や傷害、盗み、脅し、名誉毀損（他人の名誉を傷つけ、損害をあたえること）といっ

たことも、ふくまれます。しかし、これらは「いじめ」というより、犯罪行為とみなすことが妥当で、法律問題とされるべきです。

一方、多くのいじめは、法律にふれるところにまではいたっていません。

いいかえると、多くのいじめは、法律違反とならないことから、気づかずに見過ごしてしまったり、気づいていてもふざけあいや、ちょっとしたトラブルなどとして見逃されてしまう場合も少なくないのです。

パート1「いじめ」ってなんだろう？

いじめは常におこっている！

　いじめは多く発生した時期と比較的少なくなった時期があるといわれます。「いじめの認知（発生）件数の推移」のグラフからは、そのことがよくわかります。

　しかし、国立教育政策研究所の調査では、いじめが時期的に急激に増減したりすることはなく、「いじめは常におこっている」と指摘しています（「いじめ追跡調査2013－2015」）。

　とくに、「暴力をともなわないいじめ」（仲間はずれ・無視・陰口など）については、時期による増減はまったく見られず、常に多く発生しているといわれています。

考えてみよう 話しあって！ 明らかに急増している年には、なにがあったのか？　当時の新聞やインターネットの記事などを調べて、どうしていじめが急増したのか、みんなで考えてみてはどうかな。

いじめの認知（発生）件数の推移

※平成5年度までは公立・小・中・高等学校、平成6年度からは特殊教育諸学校、平成18年度からは国立・私立学校もふくめた合計値。
※平成6年度および平成18年度に調査方法をあらためている。
出典：文部科学省「児童生徒の問題行動等生徒指導上の諸問題に関する調査」より作成

7

③ 昔のいじめ・いまのいじめ

いじめはいつの時代にもあります。
でも、昔といまではいじめの特徴に大きなちがいと変化が見られます。
では、いまのいじめは昔のいじめとどうちがうのでしょうか？

江戸時代には

江戸時代、会津藩（現在の福島県）では、武士の子どもを教育する組織がありました。それは什とよばれ、そこでは、「什の掟」が大事にされました。

> 什の掟（決まり）
> ● 虚言を言ふ事はなりませぬ
> ● 卑怯な振舞をしてはなりませぬ
> ● 弱い者をいじめてはなりませぬ
>   など

上の3つ目があることから、当時にもいじめがあって、それは、いけないとされていたことがわかります。

いじめは「虚言（うそ）」や「卑怯」なおこないと同じで、正々堂々としていないで、いさぎよくない行為であると考えられていたのです。

昔のいじめ

現代になっていじめが社会問題化したのは、1980年代だといえます。そのころのいじめの特徴といえば「いじめる子（いじめっ子）」と「いじめられる子（いじめられっ子）」がはっきりしていました。

たとえば、漫画の『ドラえもん』を見るとよくわかります。『ドラえもん』には、ジャイアンという典型的な「いじめっ子」がいて、のび太という「いじめられっ子」がいました。そして、「いじめっ子」と「いじめられっ子」のほかに、「いじめっ子」の子分のスネ夫、「いじめられっ子」をかばうしずかちゃんがいました。こうした人間関係が、昔のいじめの典型的なパターンでした。

のび太は、しずかちゃんがいつもかばって助けてくれることで、孤立感や孤独感をもたずに、ジャイアンやスネ夫とも、なんとか関係を保つことができたのです。

武士の子どもたちは毎日集まり、この「什の掟」をやぶったものがいないか確認しあったという。
（写真提供：會津藩校 日新館）

いまのいじめ

ところがいまのいじめは、『ドラえもん』のいじめとは、だいぶようすがちがいます。

まず、「いじめっ子」・「いじめられっ子」といった存在がはっきりしていません。また、しずかちゃんのように「いじめられっ子」を助ける人もほとんど見当たりません。むしろスネ夫のように、そのときどきで、あっちについたりこっちについたりするような人が増えていると見ることもできます。

国立教育政策研究所が、小学校4年生が中学3年生になる6年のあいだを追跡調査したところ、約90％の人が、「いじめっ子」と「いじめられっ子」の両方の経験をもつことがわかりました。

つまり、スネ夫はのび太をいじめますが、ときにジャイアンにいじめられるわけです。スネ夫のような人は、いつどのように立場が転換するかわからない不安定な状況にあるといえます。

じつは、いまの子どもの多くは、いじめる・いじめられるの立場が入れかわりながらいじめに巻きこまれているといわれています。これがいまのいじめの大きな特徴です。

『ドラえもん』の世界のように、いじめられっ子といじめっ子が固定されているわけではないのです。「いじめっ子」であった子どもが、いつのまにか「いじめられっ子」になってしまうということが、おこるのです。

同時に、いじめ・いじめられる

だれかをいじめている子が、別の子からいじめられるといった同時進行がおこるというのも、いまのいじめの特徴です。

これは、スネ夫のような存在の人のことに対していっているのではありません。いまのいじめでは、のび太が「いじめっ子」になることもあり、ジャイアンがいつのまにか「いじめられっ子」になってしまうというほどの劇的な変化が見られます。場合によっては、しずかちゃんまでもが、いつのまにか「いじめっ子」的な存在になってしまうこともあるのです。

これは『ドラえもん』の世界のたとえ話では、けっしてありません。1996（平成8）年1月、文部大臣（当時）が、いじめについての「緊急アピール」を出しました。その一節には、「深刻ないじめは、どの学校にも、どのクラスにも、どの子にも起こりうる」とあります。ここには、いまのいじめの特徴がいいあらわされています。

考えてみよう　話しあって！

いじめていた子が、いじめられる子になるときは、どういうときかな？　また、その原因は？　身のまわりの出来事で具体的に考えてみよう。

4 ネットいじめ

現在のいじめで大きな問題となっているのが、「ネットいじめ」です。携帯電話やメール、SNS（ソーシャル・ネットワーキング・サービス）が急速に普及してきた現代社会の大きな問題になっています。

24時間いじめが連続する

携帯電話やスマートフォンは、現代人に多大な便利さをもたらしました。少し前では、想像もできなかったことが、数えきれないほどおこっています。ところが、「便利さ」の一方で、そうした新しい通信手段をつかったいじめが、どんどん増えていきました。

そして、携帯電話やスマートフォンで、容易に連絡がとれることにより、24時間いつでもいじめがおこなわれるようになったのです。

かつては、いじめはおもに学校にいる時間、登下校の際、あるいは家の近くでおこなわれていましたが、現在では、いつ・どこにいても、いじめから逃れることができなくなってきているのです。これは、昔では考えられなかったことで、ネットいじめの最大の特徴のひとつです。

顔が見えないことが

直接に面と向かって話をすれば、表情などで気持ちが伝わりますが、ネット上での情報のやり取りでは相手の顔が見えません。こうしたことが、いじめを助長していることも指摘されています。いじめのつもりでなかったことでも、顔が見えない世界でうまれた誤解や疑心暗鬼がどんどん増幅し、いじめがエスカレートしていくこともよくあります。

それでなくても、ネットという閉ざされた世界（とりわけ無料通信アプリ「LINE」上の限られた人間関係のなか）でのやり取りでは、親・兄弟、先生や友だちなど、まわりの人たちには気づかれないうちに、いじめがより深刻となり、被害者の孤独感をさらに大きくしています。情報ツールの進化は、これからも続きます。それに応じて、いじめの形態もさらに変化していくはずです。

LINE がからんだ2件の自殺

ここでは、2016年8月におきた青森市の中学2年生の女子の自殺と、2017年4月の北九州市の高校2年生の女子の自殺について見てみます。どちらもLINEに関係する典型的ないじめの例ですが、自殺というもっとも深刻な事態に発展してしまいました。

1「二度といじめたり　しないでください」

2016年8月25日、青森市の中学2年生の女子が自殺。彼女は学校に対し、「LINEで悪口をいわれた」「学校で無視されている気がする」と訴えていましたが、適切な対応がされませんでした。たえきれなくなった彼女は、スマートフォンのメモアプリに「二度といじめたりしないでください」と書きのこして、自殺しました。

その後、青森市の教育委員会が調査したところ、学校側では担任らが指導し、7月には、状況が改善していたと考えていたことがわかりました。一方で、夏休み中の職員会議では、彼女はまだ「見守りが必要」との報告も出されていたことから、彼女の状況について「教員全体に共通認識はあった」とされてます（市の教育委員会）。しかし、最終的に学校は、「いじめ」だという認識にいたっていなかったことがわかりました。

2「私に何かあったら　あんたたちのせい」

北九州市の私立高校2年生の女子生徒が、2017年4月17日、午前8時すぎに登校のため自宅を出た後、同10時20分ごろに学校近くのガードレールで首をつりました。

自殺をする前、LINEで同じクラスの女子生徒に「私に何かあったらあんたたちのせい」「後悔しても知らん」といったメッセージを送っていたことが、その後、わかりました。

学校側によると、女子生徒は同じクラスなどの3人の女子生徒と仲がよかったが、このうちメッセージを送った1人と2016年11月中旬ごろにトラブルとなり、関係が悪化していたといいます。

学校は一部の生徒を対象にしたアンケート結果にもとづき緊急保護者会などで「いじめはなかった」との認識を示しましたが、実際には学校でいじめられていた可能性があったとも考えられています。

大人にもある「いじめ」

いじめは、子どもだけではありません。大人にもあります。大人のいじめは、「ハラスメント（いやがらせ）」といわれていますが、近年、いろいろなハラスメントが注目され、問題となっています。

最近増えてきた言葉

ハラスメント（いやがらせ）には、次のようなものがあります。

セクシャル・ハラスメント
略して「セクハラ」。「性的いやがらせ」という意味で用いられる言葉。

パワー・ハラスメント
略して「パワハラ」。地位や職権などの「パワー」を利用したいやがらせ。

アカデミック・ハラスメント
略して「アカハラ」。教育・研究の場における権力を利用したいやがらせ。教員が学生などにおこなう。

ドクター・ハラスメント
略して「ドクハラ」。医師が患者に対しておこなういやがらせ。

モラル・ハラスメント
略して「モラハラ」。言葉や態度で人を傷つける、精神的な暴力やいやがらせ。

以前からセクシャル・ハラスメントはよく聞かれる言葉でしたが、最近では、左のように、いろいろなハラスメント（いやがらせ）がいわれるようなってきました。どれも、権威のある人が「下」にいる人に対していやがらせをする行為をさします。いじめと同じことです。

しかし、いじめを「子どものいじめ」「大人のいじめ」と分けることは意味がありません。なぜなら、学校でのいじめがそのまま社会に連続しただけで、本質は変わらないからです。

都道府県労働局などへの相談件数

都道府県労働局などに設置した総合労働相談コーナーによせられる「いじめ・いやがらせ」に関する相談は年ねん増加しており、2012（平成24）年度においては、相談内容のなかでトップとなっています。

出典：厚生労働省「個別労働紛争解決制度の施行状況」

大人のいじめの原因

職場の上司に当たる人は、部下に対し指示・命令する立場にあります。しかし、それは、仕事上の役割であって、その人が人間としてえらいわけではありません。

ところが、いつも部下に命令していると、自分がえらい人間だとかんちがいしてしまうことがあります。これが、大人のいじめの根本です。大人になっても、小中学生のように「気にいらないから」「生意気」などの理由で、部下をいじめる人がいるのです。

近年、10代の若者が学校でのいじめを苦に自殺することが注目されていますが、会社などでも同じようなことがおこっています。

「お前なんか会社のじゃま」「給料泥棒」などといわれ続け、耐えきれずに、心を病んだり、生きる希望を失ったりして、自殺するという大人が増えているといわれています。

⑤ 増え続けるいじめ

とても残念なことですが、いじめは増え続けています。社会から注目されているにもかかわらず、いじめが減る気配はいっこうにありません。まず、その実態を見てみましょう！

「認知件数」と実際の発生件数

「認知件数」とは、警察などの捜査機関によって、発生が確認された件数のことをいいます。認知件数は、実際に発生した件数とは、一致しないのがふつうです。発見できた数は、発生件数の一部ということです。

認知件数と実際の発生件数との差は、「暗数」とよばれています。いじめの場合、暗数が非常に大きいといわれています。

文部科学省の調査によると、全国の小中高校における2016（平成28）年度のいじめの「認知件数」の合計は、約32万件をこえ、過去最多となりました。それでも、実際に発生しているいじめは、はるかに多いといわれ、暗数の大きさが問題になっています。

いじめの認知件数が急増

2016（平成28）年度にいじめの認知件数が過去最多となった理由は、文部科学省が2016年度から「けんか」や「ふざけ合い」もいじめととらえるように方針を変更したことが関係していると見られています。

しかし、実際にもいじめの発生件数は増えているとみることができます。それは、いじめを原因として自殺した児童生徒が増えていることからも推定されています。

2011（平成23）年におきた滋賀県大津市の事件（→p4）で、いじめが注目されましたが、それ以降でもいじめ・いじめによる自殺は後をたたないのです。

出典：文部科学省「児童生徒の問題行動等生徒指導上の諸問題に関する調査」より作成

パート1 「いじめ」ってなんだろう？

いじめの「認知件数」が意味するもの

　以前はいじめの数といえば、「発生件数」として集計されていました。ところが、2006（平成18）年度から「認知件数」という表現に変えられたのです。

　その大きな理由は、いじめがそもそも大人（第三者）には見えにくく、いじめを完全に発見することが不可能だからです。

　これまで、学校にいじめがあるかどうかを調査すると、発見できないことから、いじめの件数を「ゼロ」と報告する学校が少なくありませんでした。実際にはいじめがあるにもかかわらず……。

　しかも、いじめの発生を認めることが、学校や教師の評価を低下させることになるために、「いじめゼロ」と報告するようなことも実際にありました。また、「いじめのない学校」を目標とする学校のなかには、目標としてあげている以上、いじめの発生をおおやけにはしにくいという事情もありました。

考えてみよう　話しあって！

「認知件数」が増えるのは悪いことかな？　認知件数が「ゼロ」や「少ない」というのは、じつは、学校や先生がいじめを見逃したり、見過ごしたりした結果といえるかもしれない。つまり、いじめの認知件数が多いというのは、いじめの実態をしっかりと理解しようとした結果としてとらえるべきだといえないだろうか。みんなで話しあってみよう。

15

⑥ 現代のいじめの構造を考えてみよう!

いじめはどのようにしておきるのでしょうか？　いじめの発生する状況と構造について考えてみましょう！　また、いじめのなかに存在する「被害者」「加害者」「観衆」や「傍観者」「仲介者」についても見てみましょう。

いじめ集団の「四層構造」

8ページでもふれましたが、現代のいじめの特徴として、次のようなことがあげられています。

- ● 実態が見えにくい
- ● 加害者と被害者の立場が入れかわる
- ● 集団化している
- ● 歯止め（抑止力）がきかない
- ● 非行・犯罪との区別がつきにくい

このような特徴をもつ現代のいじめはどのような「構造」になっているのでしょう。

じつは、いじめの場面は、いじめられる人（被害者）といじめる人（加害者）だけがいるわけではありません。そのほかに、いじめをおもしろがって見ている人（観衆）や見て見ぬふりをしている人（傍観者）がかならずいるといえます。

これをいじめ集団の「四層構造」とよんでいます（森田洋司著『いじめとは何か』中公新書より）。

この四層構造のなかで、観衆と傍観者が多

いじめ集団の
四層構造モデル

暗黙の支持　増幅　被害者　加害者　観衆　傍観者　促進作用

ければ、それだけいじめがエスカレートするともいわれています。

なお、観衆と傍観者は、いつも同じではなく、彼らは、被害者側になる可能性もあれば、加害者側になってしまうことがあるという特徴があります（→p9）。

パート1「いじめ」ってなんだろう？

「仲介者」とは

　いじめでいう「仲介者」とは、いじめを「やめろよ！」と止めに入る人や否定的な反応を示す人のことをいいます。「仲裁者」ともいいます。「仲裁」とは、争いのあいだに入って両者を和解させることです。

　もし、観衆と傍観者のなかから仲介者があらわれていじめの歯止め（抑止力）となれば、いじめの度合いは軽減されますが、仲介者があらわれなければ、いじめはどんどんエスカレートしていくことになります。

　残念なことに、いまのいじめは昔のいじめにくらべて、こうした仲介者が少なくなっているといわれています。

日本では、外国とくらべても、仲介者があらわれにくいともいわれている（→p19）。

抑止作用

仲介者

7 日本のいじめ・世界のいじめ

いじめといわれる行為のなかには「悪口」や「からかい」もふくまれますが、
これらは、日本だけでなく外国でも、もっとも多いいじめだといわれています。
ここでは、日本と外国のいじめの同じとちがいを見てみましょう。

外国のいじめ

森田洋司総監修の『世界のいじめ　各国の現状と取り組み』には、アメリカ、カナダ、オーストラリア、ニュージーランド、スウェーデン、ノルウェー、フィンランド、デンマーク、ポーランド、ベルギー、オランダ、ドイツ、フランス、イタリアなど、アメリカ・ヨーロッパばかりでなく、中近東・アフリカ、そしてアジア・オセアニア地域など、それぞれの国や地域のいじめ事情や対策などがまとめられています。そこからは、いじめは、どこの国にもあり、日本だけが突出していじめが多いわけでないことがわかります。

また、ネットいじめも、近年どこの国でも増加してきていることもわかります。とくに中国や韓国で多くなっているといいます。さらに、いじめによる自殺も世界各国でおこっています。

18

仲介者が少なく傍観者が多い

いじめの実態は、日本と世界で同じところも多いようですが、日本が世界と大きくちがう点があります。それは、日本には、仲介者が少ないことです。

ある実態調査（国際比較）で「いじめを見たときに、止めに入りますか？」と質問したところ、「はい」と答えた「仲介者」の割合は、小学校段階から学年が移行するにつれて、どの国でも低下します。

しかし、中学校段階になると、イギリス、オランダなどの国ぐにで「仲介者」の割合が上昇に転じるのに対して、日本では下降傾向のままだったといいます。

また、「傍観者」の割合は、各国とも学年が進むにつれて増加しますが、中学校段階になるとイギリス、オランダで減少するのに対して、日本の場合は直線的に増え続け、中学校3年では約6割に達しています（森田洋司監修『いじめの国際比較研究　日本・イギリス・オランダ・ノルウェーの調査分析』金子書房より）。

自分がやられる

「仲介者」が少なく「傍観者」が多いのが日本の特徴だといわれています。この背景には、「止めに入れば、今度は自分がいじめの標的となる」「止めに入れば、クラスの仲間から浮いてしまう」という心理がはたらいているといえます。

ここには、日本人特有の社会的要因が影響していると指摘されています。

アメリカなどのように多民族・多文化社会とはちがい、日本は均一性と集団性の高い社会です。そうした社会では、集団との同調志向が強く、自分の主張を控えるという傾向が強くなります。「空気を読む」という日本人の特性はこの点に関係しています。

同調志向が高まると、「みんながいじめているのだから、自分も参加しないと次は自分がいじめられる」「みんなが見て見ぬふりをしているのだから、止めに入ってリスクを背負うよりもみんなのようにふるまおう」という選択が優先されてしまうのです。

しかも、集団性の高い社会では、「みんなと仲よくする」ことが重視されるために、いじめられた本人にとっては、「自分が悪いからいじめられた」と考えてしまう場合も多くなります。日本で、いじめの「被害者」が引きこもったり、うつ病などの心の病にかかったり、ついに自殺などにいたる場合が多くなってきたのは、そのためだといわれています。

パート2 「いじめ」をなくすために

8 「いじめ防止対策推進法」を知ろう!

いじめ問題を解決するため、いじめを防止するための法律が制定されました。「いじめ防止対策推進法」です。この法律には、いじめを考えるヒントがあります。まず、その中身について知っておきましょう!

「いじめ防止対策推進法」の制定と定義

「いじめ防止対策推進法」は、2013（平成25）年6月に制定され、同年9月に施行されました。この法律ができた直接の背景は、2011（平成23）年の滋賀県大津市でおきた中学2年生の自殺事件であったといわれています（→p4）。

5ページにも記しましたが、「いじめ防止対策推進法」が第二条でいじめをどのように定義していたかくり返します。

> 「いじめ」とは、児童等に対して（中略）一定の人的関係にある他の児童等が行う心理的又は物理的な影響を与える行為（インターネットを通じて行われるものを含む。）であって（中略）児童等が心身の苦痛を感じているものをいう。

この定義で重要なことは、「いじめられる側」の立場からいじめを見ていることです。
深刻ないじめ事件でも、「いじめる側」には、いじめをしているという認識がなく、「からかっているだけ」「ふざけているだけ」ととらえている場合があります。

しかし、「いじめられる側」がそれをどのように受けとめているかが問題となるのです。このことは、非常に重要な意味をもちます。

考えてみよう
話しあって!

この写真は、どう見える？ ライオンが人をおそっている？ じつは、これはライオンが人とじゃれあっているところ。

たとえばムツゴロウさんこと畑正憲さんは、小説家で動物研究家として知られているが、かわいがっているライオンに指をかみちぎられたことがあった。でも、ムツゴロウさんは、けっしておそわれたとはいわなかった。これも、受ける側がどう思うのかが問題だといえる。

パート2 「いじめ」をなくすために

いじめの禁止といじめ防止

（いじめの禁止）
第四条 児童等は、いじめを行ってはならない。

「いじめ防止対策推進法」では、いじめがすべての児童等に関係する問題であるとした上で、第四条で上記のように規定しています。いじめを防止する対策は、学校の内外を問わず、いじめがおこなわれなくなることをめざす必要があります。そのため、この法律では、文部科学大臣、地方公共団体に対し、いじめを防止するための基本的な方針を定めることを求めています。

したがって、学校でも、それぞれの学校の実情に応じながら、いじめの防止対策に関する基本的な方針を定めることになりました。

このようなことが法律で定められたことは、いじめの解消につながるのではないかと大きく期待されました。

しかし、残念なことに、こうした法律ができたのにもかかわらず、いじめは減っていないのが現実です。

学校がおこなういじめ防止対策

「いじめ防止対策推進法」は、いじめ防止のために学校がおこなうべき内容として、道徳教育の充実、早期発見のための措置、相談体制の整備、インターネットを通じておこなわれるいじめ対策の推進などをあげ、いじめの防止を効果的におこなうために、複数の教職員、心理、福祉などの専門家などによる組織を置くことを求めています。

また、学校は、いじめがおきたときの対応として、次のことが必要だとしています。

● いじめの事実確認

● いじめを受けた児童生徒又はその保護者に対する支援

● いじめを行った児童生徒に対する指導又はその保護者に対する助言について定めるとともに、いじめが犯罪行為として取り扱われるべきものであると認めるときの警察署との連携について定めること

これによって、学校のいじめの対応に不十分な点があれば、学校は法令違反として責任を問われることとなり、学校の教職員はよりきびしい対応が求められることになりました。

21

⑨ 「つながりあう」とは？

人間は1人では生きていくことはできません。
ほかの人びとや社会と「つながりあう」ことが必要です。
では、「つながりあう」とは、どういうことでしょうか？
「つながりあう」ために大切なことはなんなのでしょうか？

「つながりあう」ことなしには生きられない

　みなさんは、馬や牛などの動物の出産シーンを見たことがありますか？　お母さんから生まれた子馬や子牛は、ほんのわずかの時間で立ちあがり、お母さんのお乳を飲んでいます。でも、人間はそうではありません。生まれた瞬間から、だれかに世話をしてもらわなければ、確実に死んでしまいます。動物たちのように自分の力で立ちあがるまでには、時間がかかります。言葉を身につけて、ほかの人とコミュニケーションをとるには、もっと時間がかかります。人間はけっして1人で生きていくことができないのです。いいかえれば、人間はほかの人や社会（他者）と「つながりあう」ことが必要なのです。

●「つながりあう」ことは、人間が生きるための宿命です。
→人間は、他者と「つながりあう」ことなしには生きられません。

パート2「いじめ」をなくすために

「つながりあう」訓練とは

　「つながりあう」ことは、じつは、そう簡単なことではありません。「つながりあう」ためには、訓練が必要なのです。

　なぜなら、どんな人でもほかの人と関係しながら生きていきます。いろいろなことでぶつかることもあります。いいあらそいになったり、感情的ないきちがいからけんかになることがあります。

　じつは、こうした経験こそが、「つながりあう」ための訓練になっているのです。

　人は、家庭や学校、地域など、あらゆる場で、さまざまな経験をくりかえし、他者との「ちがい」を実感し、「つながりあう」ための訓練をしながら成長していくのです。

考えてみよう話しあって！　いじめとは、他者と「つながりあう」ことを否定し、「つながり」をたち切ってしてしまうことだというよ。どういう意味か考えてみよう。みんなで話しあってみよう。

「つながりあう」ことで強くなる

　他人のことを自分のことと同じように考えること、「他人のため」「社会のため」を心がけることで、人は優しくなります。そして、心が強くなります。困難な局面に立ったときにも、それを乗りこえる強さが生まれます。
　逆にいえば、「つながりあう」ことができない人は、けっして強い人間にはなれないということです。
　また、他者と「つながりあう」ということは、とても楽しいことです。自分の知らないことを知ることができるからです。人は人とのつながりのなかで成長していくのです。

「One for All, All for One」

　「つながりあう」とは、簡単にいえば、自分のことだけでなく、相手のことを考えるということです。別のいい方をすれば、「○○のために」を心がけるということです。
　ラグビーではよく、「One for All, All for One」という言葉がつかわれます。日本語にすれば、「1人はみんなのために、みんなは1人のために」となります。ラグビーが、スポーツとしておこなわれるようになってから、ずっといわれてきたことです。
　自分のことにしか関心のない人、自分以外のことに対して、心を閉ざしてしまう人は、他者と「つながりあう」ことができません。「○○のために」という意識がないからです。

> **考えてみよう　話しあって！**
>
> 「1人はみんなのために、みんなは1人のために」は、ラグビーだけのことではないね。あらゆるチームスポーツでいえること。スポーツ以外でも、同じ。みんなはどんなときにそう感じるかな？

写真：ロイター／アフロ

パート2 「いじめ」をなくすために

⑩マイノリティーとマジョリティー

「マイノリティー」は、「少数派」という意味、
その反対が「マジョリティー（多数派）」です。社会には、
さまざまな場面でマイノリティーとマジョリティーが存在します。

日本のなかの外国人

最近日本では、都市部だけでなく地方でも、外国人をよく見かけるようになってきました。肌の色や顔立ちがちがう外国人もいれば、日本人と区別のつかない外国人もいます。

日本では、日本人がマジョリティーで、外国人はマイノリティーです。でも、外国人のなかにもマジョリティーとマイノリティーがいるのです。日本人とおなじ肌の色をした人たちがマジョリティーで、ちがう色の人たちはさらに少数派のマイノリティーです。

「ちがう」のが「ふつう」

近年、日本では外国人がどんどん増えています。肌の黒い人も白い人もいます。しかし、たとえば日本人のなかに、肌の黒い人や白い人がいたとしたら、わたしたちは、「あの人はふつうじゃない」という言葉をつかうことができるでしょうか。おそらく、だれもがこの「ふつう」という言葉のつかい方が、おかしいことに気づくでしょう。

数が少ないから（マイノリティーだから）といって、「ふつうじゃない」というのは、おかしなことです。

人は、それぞれみんなちがいます。同じ人は絶対にいません。「ちがう」のが「ふつう」なのです。

なにを基準にするかで、マイノリティーの側に入る人もいれば、マジョリティーの側に入る人もいます。しかし、大事なことはどちらになろうと1人ひとりの人は「ちがう」ということです。

考えてみよう
話しあって！

「ふつうじゃない」という言葉がよく聞かれるけれど、みんなは「ふつうじゃない」って、どういうことだと思う？　次のような人に対して「ふつうじゃない」という言葉をつかっていいと思う？

□ほとんどが健康な人のなかの病気の人
□野球がすきな人たちのなかのサッカーがすきな人
□勉強が得意な人のなかの苦手な人

25

⑪ マイノリティーといじめ

勉強がすきな人・きらいな人、男の人がすきな男の人・女の人がすきな女の人……。
こうした「ちがう」があるのは社会の「ふつう」なことです。でも、大多数の人たちのなかで
極端に少数派の人というのは、いじめられる傾向にあるといわれています。

性的マイノリティー

近年、毎日のように「オネエ系タレント」がお笑い番組などに出ています。人気がある人も多いようです。このような、男性でありながら女性の姿をして女性のようにふるまう男性は、昔からいました。しかし、以前は、いまのように「ふつう」に社会に出てくることはありませんでした。

社会には、男性のからだをもって生まれてきながら、心は女性といった人や、またその逆の人もいます。

外国では、そうした人たちが同性同士で結婚することも「ふつう」になりつつあります。しかし、日本では、まだ、同性婚は「ふつうじゃない」とされています。

しかし、「ちがう」のが「ふつう」であることをわかっていながら、社会にはそういう極端なマイノリティーに対するいじめがあるのが現実です。

じつは、このような性的マイノリティーは、子どもにもいます。そして、彼らの多くがいじめにあっているのです。

LGBTとは？

性的マイノリティー、LGBTとは、レズビアン（L）・ゲイ（G）・バイセクシュアル（B）・トランスジェンダー（T）のそれぞれの頭文字をあわせたもの。レズビアンは、女性で女性がすきな場合、ゲイは、男性で男性がすきな場合、バイセクシュアルは、どちらの性別の人にも魅力を感じたり、恋愛をしたりする人たちのこと。そして、トランスジェンダーは、

パート2「いじめ」をなくすために

LGBT(エルジービーティー)の子(こ)どものなやみ

心とからだの性が一致しない人は、男・女にグループわけされるときに、「自分はどうしてこっちのグループなんだろう」と違和感をおぼえたり、男女別のトイレやロッカールームをつかうことを恥ずかしく感じたり、スカートやズボン、学校の制服などを着ることに抵抗を感じたりするといいます。

こういう人に対して、「あの子はふつうじゃない」などと見なすことがしだいにいじめにつながっていくのです。

> 考えてみよう 話しあって！
> LGBTの子どもたちは、どうしていじめられるのかな？
> みんなは、そういう子がそばにいたらどうする？
> いろいろな角度から考えてみてはどうだろう。

LGBTコミュニティのシンボルとされる「レインボーフラッグ」。この色合いによって「性には、さまざまなかたちが存在する」ことがあらわされている。

心と体の性が一致しない人をさします。
LGBTについて、まだ聞いたことがない人も多いでしょうが、最近、彼らへのいじめが社会問題になっています。全国の民間企業で20〜59歳の1000人（出生時の性別で女性500人、男性500人）に対しておこなわれた調査によると、LGBT等（性的マイノリティ）当事者は8.0%となっています。

LGBT等当事者 8.0%
- LGB …… 3.1%
- トランスジェンダー …… 1.8%
- アセクシュアル …… 2.6%
- その他 …… 0.5%

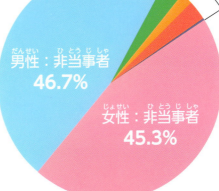

男性：非当事者 46.7%
女性：非当事者 45.3%

※LGBT当事者とは、レズビアン、ゲイ、バイセクシュアル、トランスジェンダーのほか、アセクシュアル（他者に対して恋愛感情も性的感情も向かない者）などもふくむ性的マイノリティ当事者をさしている。

出典：日本労働組合総連合会「LGBTに関する職場の意識調査」より作成

監修者・貝塚茂樹先生のアドバイス

この本は、『調べよう・ふり返ろう！ これもいじめ・あれもいじめ』という表題のとおり、さまざまな角度から、いじめを考えていますが、最後は、シリーズ全3巻の監修者でもある貝塚先生からのメッセージです。

いじめ被害にあった場合

　もし、いじめ被害にあった場合に、大事なことは、1人で悩まずに、まずは身近な人に助けを求めること。そんなこといわれても、それができないから、悩んでいるという人も多いでしょうが、それでも、人に助けを求めることが、一番です。

　自分の親や学校の先生、そして教育委員会や児童相談所、警察などにもいじめを相談できる窓口は、いろいろあります。

　文部科学省には、「24時間子供SOSダイヤル」が開設されています。

　子どもたちは全国どこからでも、夜間・休日を問わずいつでも相談をすることができます（0120-0-78310）。また、各地にある弁護士会でも電話や面談などでいじめの相談をしています。いずれも無料です。

　いじめを1人でかかえこむのではなく、「苦しい！」「助けて！」と声をあげて、助けを求めてください。手を差しのべてくれる大人は、かならずいます。

いじめをしない人になる

　こんなジョークを知っていますか？

　豪華客船が沈没して、多くの国の人びとが同じ救命ボートに乗りました。しかし、定員オーバーでだれかにおりてもらわないと全員が死んでしまいます。そこで船長は、アメリカ人に対しては「あなたはヒーローになれる」といいました。アメリカ人は、ガッツポーズをして海に飛びこみました。次にイギリス人に対しては、「あなたは紳士だ」といいました。イギリス人は、うなずいて海に飛びこみました。ドイツ人に対しては、「あなたは飛びこまなくてはならない。それがルールだ」と言いました。ドイツ人は納得して海に飛びこみました。日本人に対しては、「あなたは飛びこまなくていいんですか？ ほかの人は、みんな飛びこみましたよ」といいました。すると日本人は、あたりを見渡すと慌てて海へ飛びこみました。

これは、日本人としてはちょっと複雑な気持ちになるジョークですが、それぞれの国民性をよく表現しています。

日本は集団的な同調志向の高い社会であるために、日本人は「空気を読む」傾向が強いのです。

もちろん、「空気を読む」ということは、けっして悪いことではありません。相手の気持ちをおしはかる（おもんばかる）ことは大切なことだからです。

しかし、ここで忘れてならないことは、多くの人がしていることだからといって本当に「正しい」とはかぎらないということです（→1巻p14）。

自分のやろうとすることが、本当に「正しい」ことなのかどうかは、1人ひとりが自分の頭で、しっかりと考えて判断しなければなりません（「モラルコンパス」をもたなければなりません→3巻p5）。そして、もし「正しくない」と判断したら、「正しくない」という勇気をもつべきです。

「かっこいい」生き方をしよう！

わたしは、人には大きく分けて2つの生き方があると考えています。

ひとつは「自分自身のたのしみだけに生きる生き方」。もうひとつは「自分の力をほかの人のためにつかい、みんなを幸せにしようと努力する生き方」です。

わたしは、2つ目の生き方が素敵だと思います。「かっこいい」とも思います。

人をいじめることは、絶対に「かっこいい」ことではありません。しかし、その逆に「いじめなんかやめろよ」といえる人は、とても「かっこいい」と思います。もしかしたら、いじめを社会から根絶することは困難かもしれませんが、1人ひとりが、いじめをしない人間、いじめを悪いといえる人間、そして、いじめを止めることのできる人間になることはできます。

より多くの人が「かっこいい」人になれば、未来の社会は、より幸せになるはずです。

みなさんは、どう思いますか。いじめをなくすことを考えながら、自分の生き方を「かっこいい」ものにしていってください。

資料集

いじめの「重大事態」

「いじめ防止対策推進法」には、深刻ないじめの「重大事態」について第五章第二十八条に次のように記してあります。

第五章　重大事態への対処（学校の設置者又はその設置する学校による対処）

第二十八条　学校の設置者又はその設置する学校は、次に掲げる場合には、その事態（以下「重大事態」という。）に対処し、及び当該重大事態と同種の事態の発生の防止に資するため、速やかに、当該学校の設置者又はその設置する学校の下に組織を設け、質問票の使用その他の適切な方法により当該重大事態に係る事実関係を明確にするための調査を行うものとする。

一　いじめにより当該学校に在籍する児童等の生命、心身又は財産に重大な被害が生じた疑いがあると認めるとき。

二　いじめにより当該学校に在籍する児童等が相当の期間学校を欠席することを余儀なくされている疑いがあると認めるとき。

2　学校の設置者又はその設置する学校は、前項の規定による調査を行ったときは、当該調査に係るいじめを受けた児童等及びその保護者に対し、当該調査に係る重大事態の事実関係等その他の必要な情報を適切に提供するものとする。

3　第一項の規定により学校が調査を行う場合においては、当該学校の設置者は、同項の規定による調査及び前項の規定による情報の提供について必要な指導及び支援を行うものとする。

これを具体的にいえば、子どもがいじめにより自殺を図った場合、身体に重大な障害を負った場合、金品などの被害や精神性の疾患を発症した場合などが「重大事態」に該当することになります。2016（平成28）年度、「重大事態」に該当する件数は、約400件を数え、増加傾向にあります。

さくいん

あ行

アカデミック・ハラスメント …………12
いじめっ子 …………………… 8、9
いじめ防止対策推進法 … 5、20、21、30
いじめられっ子 ………………… 8、9
遺書 …………………………………… 4
命 ……………………………………… 4
インターネット ……… 5、6、7、20、21
SNS(ソーシャル・ネットワーキング・サービス)
　………………………………… 6、10
LGBT …………………………… 26、27

か行

外国人 ……………………………………25
加害者 ……………………………………16
観衆 ………………………………… 16、17
携帯電話 …………………………… 6、10
国立教育政策研究所 ……………… 7、9

さ行

自殺 ……… 4、11、13、14、18、19、
　　　　　　　　　　　　　　　20、30
社会問題 ………………… 4、8、10、27
什の掟 ……………………………………… 8
スマートフォン ………………… 10、11
セクシャル・ハラスメント ……………12

た行

仲介者（仲裁者）………… 16、17、19
ドクター・ハラスメント ………………12

な行

日本人 ……………………………………25
ネットいじめ …………………… 10、18

は行

ハラスメント ……………………………12
パワー・ハラスメント …………………12
被害者 ……………………… 10、16、19
傍観者 ……………………… 16、17、19
法律 …………………………………… 5、6

ま行

マイノリティー …………………… 25、26
マジョリティー …………………………25
モラル・ハラスメント …………………12
森田洋司 …………………… 16、18、19
文部科学省 ………………… 5、6、14、28

ら行

LINE ……………………………… 10、11

31

■監修・著者
貝塚 茂樹（かいづか しげき）
1963年茨城県生まれ。筑波大学大学院博士課程教育学研究科単位取得退学。博士（教育学）。専門は日本教育史、道徳教育論。国立教育政策研究所主任研究官等を経て現在、武蔵野大学教授。放送大学客員教授。著書に『戦後教育改革と道徳教育問題』（日本図書センター）、『教えることのすすめ』（明治図書）、『道徳の教科化』（文化書房博文社）、『天野貞祐』『特別の教科 道徳Q&A』（共著）（ともにミネルヴァ書房）ほか多数。

■著者
稲葉 茂勝（いなば しげかつ）
1953年東京都生まれ。大阪外国語大学、東京外国語大学卒業。子ども向けの書籍のプロデューサーとして多数の作品を発表。自らの著作は『世界の言葉で「ありがとう」ってどう言うの？』（今人舎）など。国際理解関係を中心に著書・翻訳書の数は80冊以上にのぼる。2016年9月より「子どもジャーナリスト」として、執筆活動を強化しはじめた。

■編集・デザイン
こどもくらぶ（長野絵莉・長江知子）

■企画・制作
㈱エヌ・アンド・エス企画

■写真協力
P7：しげぱぱ / PIXTA
P10：Graphs / PIXTA
P12：IYO / PIXTA
p17：ペイレスイメージズ / PIXTA
P18：Marcel De Grijs / 123RF
P20：© kitkorzun - Fotolia.com
P22：tkhr* / PIXTA
P23：Pfluegler | Dreamstime.com
P26：Marc Bruxelle | Dreamstime.com
P29：© milatas - Fotolia.com

> この本の情報は、2017年12月までに調べたものです。
> 今後変更になる可能性がありますので、ご了承ください。

シリーズ・道徳と「いじめ」
②調べよう・ふり返ろう！ これもいじめ・あれもいじめ

2018年2月28日　初版第1刷発行　　〈検印省略〉

定価はカバーに表示しています

監修・著者	貝塚茂樹
著　　者	稲葉茂勝
発 行 者	杉田啓三
印 刷 者	藤田良郎

発行所　株式会社 ミネルヴァ書房
607-8494　京都市山科区日ノ岡堤谷町1
電話 075-581-5191／振替 01020-0-8076

©貝塚茂樹, 2018　印刷・製本　瞬報社写真印刷株式会社

ISBN978-4-623-08262-9
NDC370/32P/27cm
Printed in Japan

シリーズ・道徳と「いじめ」

貝塚茂樹（武蔵野大学教授）／監修
27cm 32ページ　NDC370

❶ 考えよう・話しあおう！
いじめはなぜおこるのか？

❷ 調べよう・ふり返ろう！
これもいじめ・あれもいじめ

❸ しっかり取りくもう！
「モラル・コンパス」をもつ

シリーズ・「変わる！ キャリア教育」　　　長田徹／監修　稲葉茂勝／著

1 学校にいくのは、なんのため？　読み・書き・計算と学ぶ態度を身につけよう
2 「仕事」と「職業」はどうちがうの？　キャリア教育の現場を見てみよう
3 どうして仕事をしなければならないの？　アクティブ・ラーニングの実例から